São João Paulo II

Elam de Almeida Pimentel

São João Paulo II
O João de Deus

Novena e ladainha

1ª Reimpressão

EDITORA VOZES

Petrópolis

© 2014, Editora Vozes Ltda.
Rua Frei Luís, 100
25689-900 Petrópolis, RJ
www.vozes.com.br
Brasil

Todos os direitos reservados. Nenhuma parte desta obra poderá
ser reproduzida ou transmitida por qualquer forma e/ou quaisquer
meios (eletrônico ou mecânico, incluindo fotocópia e gravação)
ou arquivada em qualquer sistema ou banco de dados
sem permissão escrita da editora.

Diretor editorial
Frei Antônio Moser

Editores
Aline dos Santos Carneiro
José Maria da Silva
Lídio Peretti
Marilac Loraine Oleniki

Secretário executivo
João Batista Kreuch

Editoração: Maria da Conceição B. de Sousa
Projeto gráfico: Sheilandre Desenv. Gráfico
Capa: Omar Santos

ISBN 978-85-326-4742-9

Editado conforme o novo acordo ortográfico.

Este livro foi composto e impresso pela Editora Vozes Ltda.

Sumário

1 Apresentação, 7

2 História de São João Paulo II, 9

3 Novena de São João Paulo II, 16
   1º dia, 16
   2º dia, 17
   3º dia, 18
   4º dia, 20
   5º dia, 21
   6º dia, 23
   7º dia, 24
   8º dia, 25
   9º dia, 26

4 Orações a São João Paulo II, 28

5 Ladainha de São João Paulo II, 30

APRESENTAÇÃO

João Paulo II foi considerado o papa mais popular devido ao seu carisma e habilidade em se relacionar com os meios de comunicação social. Nasceu em 18 de maio de 1920 em Wadowice, Polônia, e recebeu o nome de Karol Józef Wojtyla.

Foi aclamado como um dos líderes mais influentes do século XX, desempenhando papel fundamental para o fim do comunismo e também para a melhoria das relações da Igreja Católica com o judaísmo, o Islã, a Igreja Ortodoxa e as religiões orientais.

Viajou muito, visitando 129 países durante o seu pontificado. Sabia se expressar em italiano, francês, alemão, inglês, espanhol, português, ucraniano, russo, servo-croata, esperanto, grego clássico, latim e polaco, sua língua materna.

Beatificou 1.340 pessoas e canonizou outras 483. Faleceu no dia 2 de abril de 2005, aos 84 anos. No dia 19 de dezembro de 2009 foi proclamado "venerável" pelo seu sucessor, o Papa Bento XVI, e também por ele foi declarado "beato" em 1º de maio de 2011.

A cerimônia de sua canonização foi marcada para o dia 27 de abril de 2014, data em que se comemora a Divina Misericórdia, estabelecida por ele mesmo. Sua festa litúrgica é celebrada no dia 22 de outubro.

Este pequeno livro contém a história, a novena, as orações e a ladainha de São João Paulo II, como também orações para o pedido da graça especial, acompanhadas de um Pai-nosso, uma Ave-Maria e um Glória-ao-Pai.

História de São João Paulo II

Karol Józef Wojtyla nasceu em uma pequena localidade no sul da Polônia, próxima a Cracóvia, em 18 de maio de 1920. Sua mãe faleceu quando ele tinha 8 anos e, mais tarde, faleceu seu irmão, 14 anos mais velho do que ele, formado em Medicina.

Foi ator em sua adolescência. Mudou-se com o pai para Cracóvia, aos 18 anos de idade, iniciando seus estudos em Ciências Humanas. Em 1939, ano que marcaria o início da Segunda Guerra Mundial, decidiu cursar Letras e Filosofia. Seu pai faleceu em 1941 de ataque cardíaco. Aos 20 anos, Karol já tinha perdido seu grupo familiar mais próximo.

Após a morte do pai acalentou a ideia de se tornar padre, entrando no Seminário de Cracóvia. Foi ordenado sacerdote em 1º de maio de 1946; nomeado bispo auxiliar de Cracóvia em 1958; em 1967, o Papa Paulo VI o nomeou cardeal.

Em agosto de 1978, com a morte de Paulo VI, o Cardeal Wojtyla participou do conclave que elegeu o Papa João Paulo I. Este faleceu após 33 dias de pontificado.

O conclave, realizado dez dias após o funeral de João Paulo I, elegeu o cardeal polonês, que adotou o nome de João Paulo II, em homenagem ao antecessor. Seu pontificado foi o terceiro mais longo da história da Igreja Católica (26 anos).

Viajou muito, procurando se encontrar com fiéis das mais diferentes crenças, na tentativa de encontrar afinidades doutrinárias e dogmáticas. Foi o primeiro papa a entrar e a rezar em uma mesquita e também o primeiro deles a visitar e rezar no Muro das Lamentações, em Jerusalém.

João Paulo II esteve quatro vezes no Brasil, três oficiais e uma delas de passagem para a Argentina. Seu pontificado foi marcado pela luta contra o comunismo na Polônia e em países da Europa. Chegou a ser reconhecido como "o papa para a juventude", por sua dedicação especial à juventude católica. Em 1984 criou a Jornada Mundial da Juventude, com o intuito de aproximar os jovens católicos.

Em 13 de maio de 1981, João Paulo II sofreu uma tentativa de assassinato; baleado, passou por algumas cirurgias. O pontífice afirmava que havia sido salvo pela intercessão da Virgem Maria. Recuperado, um ano após aquele fato visitou o Santuário de Nossa Senhora de Fátima, oferecendo a ele uma das balas que o atingiram. Posteriormente essa bala foi colocada na coroa da Virgem.

Em 12 de maio de 1982 sofreu uma segunda tentativa de assassinato, quando um homem tentou esfaqueá-lo. João Paulo II era um esportista: fazia exercícios com peso, praticava natação, caminhadas, gostava de futebol. As suas boas condições físicas contribuíram em sua recuperação nesses ataques.

Em novembro de 1983 teve uma queda, quebrando o ombro direito. Quatro meses mais tarde quebrou o fêmur. A partir daí, raramente circulava em público. Mais tarde começou a ter a fala arrastada e dificuldade para ouvir. Suspeitava-se que estivesse sofrendo do Mal de Parkinson, o que foi confirmado oficialmente em 2003.

Em fevereiro de 2005 foi internado com dificuldades respiratórias. A realização de uma traqueostomia levou-o a respirar melhor, mas limitou sua capacidade de falar.

Em 31 de março de 2005, após uma infecção urinária, o papa entrou em choque séptico, mas não foi internado. Uma equipe de médicos o acompanhou em sua residência, pois era seu desejo falecer no Vaticano.

João Paulo II morreu no dia 2 de abril de 2005, sábado, às 21:37h (horário de Roma), 46 dias antes de completar 85 anos. Foi sepultado na Basílica de São Pedro.

O Papa Bento XVI, seu sucessor – inspirado na fala das multidões, que durante o funeral exclamavam: *Santo subito* (Santo imediatamente) – iniciou o processo de sua beatificação, ignorando a restrição de que deve haver um prazo de cinco anos após a morte de uma pessoa para que se dê início a esse processo.

Em 19 de dezembro de 2009 o Papa Bento XVI proclamou João Paulo II "venerável", ao promulgar o decreto que reconhece as virtudes heroicas do Servo de Deus João Paulo II (um importante passo no processo de beatificação, que fica aguardando a existência de um milagre realizado por ele).

Um dos fatores decisivos para a beatificação de João Paulo II é o relato da religiosa Marie Simon-Pierre, do Instituto das Pequenas Irmãs das Maternidades Católicas. Em 2001 foi diagnosticada com o Mal de Parkinson. Com a notícia do falecimento do papa, ela e outras irmãs da congregação começaram a pedir a ele a intercessão pela sua cura. A religiosa havia pedido dispensa de suas atividades, pois não suportava mais as dores sentidas em todo o corpo. Sua madre superiora pediu que escrevesse em um papel "João Paulo II", e assim pode comprovar que a freira era incapaz de escrever de maneira legível. No dia 2 de junho, depois de sua oração noturna, Marie Simon-Pierre sentiu uma inexplicável vontade de ir a seu escritório e escrever. Ao fazê-lo constatou que havia sido curada. Mais tarde os médicos constataram que os sintomas da doença haviam desaparecido.

Seu processo de canonização foi acelerado pelo reconhecimento de um milagre ocorrido no mesmo dia de sua beatificação. Floribeth Mora Díaz, da Costa Rica, depois de sofrer um acidente vascular cerebral hemorrágico, teve seu estado de saúde considerado irreversível. A impossibilidade de fechamento de uma artéria localizada em uma região inacessível de seu cérebro a fazia rezar constantemente ao papa polonês. Sentia fortes dores de cabeça, mas com grande esforço acompanhou com a sua família a beatificação de João Paulo II pela televisão. À noite adormeceu, quando aconteceu o milagre. Cessaram as dores de cabeça e, no dia seguinte, conseguiu andar e falar. Foi submetida a uma radiografia e os médicos constataram que em seu cérebro não havia qualquer vestígio da doença.

Dois meses depois, este segundo milagre atribuído à intercessão de João Paulo II foi aprovado pela comissão teológica da Congregação para a Causa dos Santos, em mais um passo para a sua canonização. Em 2 de julho de 2013, a comissão de cardeais e bispos dessa congregação aprovou a atribuição do segundo milagre ao Beato João Paulo II. Três dias depois, o Papa Francisco aprovou o decreto, reconhecendo este segundo milagre; autorizando, assim, a sua canonização.

NOVENA DE SÃO JOÃO PAULO II

1º dia

Iniciemos com fé este primeiro dia de nossa novena, invocando a presença da Santíssima Trindade: em nome do Pai e do Filho e do Espírito Santo. Amém.

Leitura do Evangelho: Jo 8,32
> [...] conhecereis a verdade, e a verdade vos libertará.

Reflexão

Esta passagem do Evangelho de João fundamentou estas frases de João Paulo II: "A liberdade, em todos os seus aspectos, deve se basear na verdade". "O verdadeiro conhecimento e a autêntica liberdade encontram-se em Jesus". "A revelação ensina que não pertence ao homem o poder de decidir entre o bem e o mal, mas somente a Deus". "O homem é certamente livre [...], mas sua liberdade não é ilimitada: deve aceitar a lei moral que Deus dá".

Oração

Querido São João Paulo II, intercedei por nós em nossa caminhada de fé e alcançai-me a graça de que necessito... (fazer o pedido).

Pai-nosso.

Ave-Maria.

Glória-ao-Pai.

São João Paulo II, intercedei por nós.

2º dia

Iniciemos com fé este segundo dia de nossa novena, invocando a presença da Santíssima Trindade: em nome do Pai e do Filho e do Espírito Santo. Amém.

Leitura bíblica: Sl 133,1

Como é bom e agradável irmãos viverem unidos!

Reflexão

A família é a "base da sociedade e o lugar onde as pessoas aprendem pela primeira vez os valores que as guiarão durante toda a vida". Para João Paulo II, os pais "têm direitos e responsabilidades específicas na educação e na formação de seus filhos, nos seus valores morais".

Oração

Bem-aventurado São João Paulo II, ajudai-me a transmitir os ensinamentos de Jesus aos meus filhos. Ouvi minhas súplicas e alcançai-me de Deus, nosso Pai, a graça que vos peço... (fazer o pedido).

Pai-nosso.
Ave-Maria.
Glória-ao-Pai.
São João Paulo II, intercedei por nós.

3º dia

Iniciemos com fé este terceiro dia de nossa novena, invocando a presença da Santíssima Trindade: em nome do Pai e do Filho e do Espírito Santo. Amém.

Leitura bíblica: 1Jo 4,7-9

Caríssimos, amemo-nos uns aos outros, porque o amor vem de Deus, e quem ama nasceu de Deus e conhece a Deus. Quem não ama não conheceu a Deus, porque Deus é Amor. Foi assim que se manifestou o amor de Deus para conosco: Deus enviou ao mundo seu Filho unigênito, para que tenhamos a vida por meio dele.

Reflexão

Deus é Amor. João Paulo II dizia: "a pessoa humana tem uma necessidade que é ainda mais profunda, uma fome que é maior do que aquela que o pão pode saciar – é a fome que possui o coração humano da imensidão de Deus". Vamos ter cada vez mais fé, não perdendo a esperança nunca.

Oração

Ó São João Paulo II, ajudai-me a ter cada vez mais fé em Deus. Confio em vós e por isso vos peço que me concedeis a graça de que tanto necessito... (fazer o pedido).

Pai-nosso.

Ave-Maria.

Glória-ao-Pai.

São João Paulo II, intercedei por nós.

4º dia

Iniciemos com fé este quarto dia de nossa novena, invocando a presença da Santíssima Trindade: em nome do Pai e do Filho e do Espírito Santo. Amém.

Leitura do Evangelho: Jo 15,5

> Eu sou a videira, vós os ramos. Quem permanece em mim, e eu nele, dá muito fruto, porque sem mim nada podeis fazer.

Reflexão

Confiança em Deus, com consciência da nossa própria fragilidade. Sem Ele nada podemos fazer. Em nossa vida é importante a firme determinação em caminhar seguindo os ensinamentos de Jesus.

Oração

São João Paulo II, confiando em vossa bondade e no seu poder de intercessão junto a Deus, a vós suplico que me alcanceis a graça que peço... (fazer o pedido).

Pai-nosso.

Ave-Maria.

Glória-ao-Pai.

São Papa João Paulo II, intercedei por nós.

5º dia

Iniciemos com fé este quinto dia de nossa novena, invocando a presença da Santíssima Trindade: em nome do Pai e do Filho e do Espírito Santo. Amém.

Leitura do Evangelho: Mt 5,13-14

> [...] vós sois o sal da terra [...], vós sois a luz do mundo [...].

Reflexão

Estas palavras de Jesus foram lembradas por João Paulo II em sua mensagem na XVII Jornada Mundial da Juventude, em 2002. Ele disse que a "Igreja vê os jovens com confiança e espera que sejam o povo das bem-aventuranças! Que os jovens devem deixar que sua fé e ações mostrem seu compromisso com a mensagem do Evangelho. Que os jovens devem ser peregrinos animados pelo desejo de encontrar Jesus, amá-lo e fazê-lo ser amado". Ele disse também que a "humanidade necessita imperiosamente do testemunho de jovens livres e valentes que se atrevam a caminhar contra a corrente e a proclamar com força e entusiasmo a própria fé em Deus, Senhor e Salvador".

Oração

Glorioso São João Paulo II, que vossas palavras me deem forças para caminhar sempre com Jesus. Suplico-vos que me alcanceis o que vos peço por meio desta novena... (fazer o pedido).

Pai-nosso.

Ave-Maria.

Glória-ao-Pai.

São João Paulo II, intercedei por nós.

6º dia

Iniciemos com fé este sexto dia de nossa novena, invocando a presença da Santíssima Trindade: em nome do Pai e do Filho e do Espírito Santo. Amém.

Leitura do Evangelho: Mt 5,7

> Felizes os misericordiosos, porque alcançarão misericórdia.

Reflexão

Deus é fonte de todas as graças. É nossa esperança, nosso abrigo seguro e nossa libertação. Apoiemo-nos nele e oremos com confiança.

Oração

São João Paulo II, confiante em vós, eu vos rogo, sede o medianeiro perante a misericórdia de Deus, para que me conceda a graça... (fazer o pedido).

Pai-nosso.

Ave-Maria.

Glória-ao-Pai.

São João Paulo II, intercedei por nós.

7º dia

Iniciemos com fé este sétimo dia de nossa novena, invocando a presença da Santíssima Trindade: em nome do Pai e do Filho e do Espírito Santo. Amém.

Leitura bíblica: Cl 3,20

> Filhos, obedecei em tudo a vossos pais, porque agrada ao Senhor.

Reflexão

Se ouvirmos a voz de Jesus seguiremos suas orientações. Ele nos guiará sempre, mesmo nos momentos difíceis.

Oração

São João Paulo II, obrigado(a) por nos ensinardes a acreditar em Jesus e aceitar seus ensinamentos. Alcançai-me a graça de que tanto necessito... (fazer o pedido).

Pai-nosso.

Ave-Maria.

Glória-ao-Pai.

São João Paulo II, intercedei por nós.

8º dia

Iniciemos com fé este oitavo dia de nossa novena, invocando a presença da Santíssima Trindade: em nome do Pai e do Filho e do Espírito Santo. Amém.

Leitura do Evangelho: Mc 16,15

> Ide por todo o mundo e pregai o Evangelho a toda criatura.

Reflexão

Esta missão dada por Jesus aos apóstolos foi colocada em prática pelo Papa João Paulo II, que, em suas viagens, anunciava Cristo, evangelizando, pregando sua Palavra. "A Palavra de Deus é digna de todos os vossos esforços. Abraçá-la em toda a sua pureza e integridade, difundindo-a com o exemplo e a pregação, é uma grande missão. Esta é nossa missão hoje, amanhã e pelo resto de nossas vidas".

Oração

São João Paulo II, dai-me forças para pregar sempre a Palavra de Deus e ajudai-me a obter a graça que a vós suplico... (fazer o pedido).

Pai-nosso.
Ave-Maria.
Glória-ao-Pai.
São João Paulo II, intercedei por nós.

9º dia

Iniciemos com fé este nono dia de nossa novena, invocando a presença da Santíssima Trindade: em nome do Pai e do Filho e do Espírito Santo. Amém.

Leitura do Evangelho: Jo 1,1-4

> No princípio era a Palavra e a Palavra estava com Deus, e a Palavra era Deus. No princípio ela estava com Deus. Todas as coisas foram feitas por meio dela e sem ela nada se fez do que foi feito. Nela estava a vida, e a vida era a luz dos seres humanos.

Reflexão

A palavra, que junto de Deus criara a terra, o mar, o céu... criou também sua mãe, Maria. Ela foi escolhida, foi predestinada para ser mãe do Filho de Deus. Assim, toda a existência de Maria, Nossa Senhora, é uma plena comunhão com seu Filho, Jesus. Por isso, João Paulo II era tão devoto de Nossa Senhora. Confiemos nela a exemplo do Santo Padre.

Oração
Nossa Senhora, vós sois a nossa mãe por Deus concedida. Em vós deposito toda minha confiança e, por intercessão de São João Paulo II, suplico-vos... (fazer o pedido).

Pai-nosso.
Ave-Maria.
Glória-ao-Pai.
São João Paulo II, intercedei por nós.

ORAÇÕES A SÃO JOÃO PAULO II

Oração 1

"Ó Trindade Santa, nós vos agradecemos por ter dado à Igreja São João Paulo II e por ter feito resplandecer nele a ternura da vossa paternidade, a glória da cruz de Cristo e o esplendor do Espírito de amor.

Confiando totalmente na vossa infinita misericórdia e na materna intercessão de Maria, ele foi para nós uma imagem viva de Jesus, Bom Pastor, indicando-nos a santidade como a mais alta medida da vida cristã ordinária, caminho para alcançar a comunhão eterna convosco. Segundo a vossa vontade, concedei-nos, por sua intercessão, a graça que imploramos. Amém."

Oração 2

"São João Paulo II, o senhor que foi o precursor da caminhada da Igreja no mundo contemporâneo, beijando e abençoando terras distantes, trazendo o Vaticano para junto delas, pedimos-te agora: interceda por esses povos tão necessitados de auxílio.

Peça ao Deus uno e trino, ó querido papa, por todos nós e, em especial, por mim, com este pedido [...] que agora te faço nesta oração. Seja intercessor em nossa caminhada de fé, para que possamos alcançar a graça da Salvação. Amém."

Oração 3

São João Paulo II, intercedei por nós, pela nossa missão de ser luz no mundo, de levar o amor aos corações que estão feridos, machucados e que perderam a esperança. Como nosso bom pastor, ensinai-nos a trilhar este caminho de santidade e de perseverança na oração diante da dor e do sofrimento. Amém.

5

LADAINHA DE SÃO JOÃO PAULO II

Senhor, tende piedade de nós.
Jesus Cristo, tende piedade de nós.
Senhor, tende piedade de nós.

Jesus Cristo, ouvi-nos.
Jesus Cristo, atendei-nos.

Pai Celeste, que sois Deus, tende piedade de nós.
Deus Filho, redentor do mundo, tende piedade de nós.
Deus Espírito Santo, tende piedade de nós.
Santíssima Trindade, que sois um só Deus, tende piedade de nós.

Santa Maria, rainha dos mártires, rogai por nós.
São João Paulo II, o João de Deus, rogai por nós.
São João Paulo II, papa peregrino, rogai por nós.
São João Paulo II, papa missionário, rogai por nós.
São João Paulo II, papa do perdão, rogai por nós.
São João Paulo II, papa da divina misericórdia, rogai por nós.
São João Paulo II, papa da Jornada Mundial da Juventude, rogai por nós.
São João Paulo II, papa das famílias, rogai por nós.
São João Paulo II, papa dos enfermos, rogai por nós.
São João Paulo II, papa do diálogo entre as religiões, rogai por nós.
São João Paulo II, papa da paz, rogai por nós.
São João Paulo II, incentivador dos meios de comunicação, rogai por nós.

São João Paulo II, devoto da Virgem Maria, rogai por nós.
São João Paulo II, amigo de todos os povos e nações, rogai por nós.
São João Paulo II, amigo dos santos e beatos, rogai por nós.
São João Paulo II, mensageiro da paz de Cristo, rogai por nós.
São João Paulo II, grande intercessor, rogai por nós.

Cordeiro de Deus, que tirais o pecado do mundo, perdoai-nos, Senhor.
Cordeiro de Deus, que tirais o pecado do mundo, ouvi-nos, Senhor.
Cordeiro de Deus, que tirais o pecado do mundo, tende piedade de nós, Senhor.

Jesus Cristo, ouvi-nos.
Jesus Cristo, atendei-nos.

Rogai por nós, São João Paulo II,
para que sejamos dignos das promessas de Cristo.